Cómo escribir tu primer libro:

Escribe y publica el libro que siempre has soñado en un mes como principiante

by Isabella G

CONTENIDO

Introducción...5

Cómo escribir un libro............................8

Escogiendo un tema..............................11

Diseño, líneas de tiempo y personajes...........17

Largo...24

Ser consistente es la clave.............................28

Escribiendo el libro......................................34

Material nuevo..40

Logística de la escritura de un libro...............46

Escribiendo como negocio..........................49

Antes de publicar...58

Publicar un libro no es difícil.........................63

Recursos..80

Resumen..82

Sobre la autora..85

INTRODUCCIÓN

Escribir un libro no es una tarea fácil, pero hacerlo sin ninguna guía es casi imposible y lleva muchísimo tiempo, en especial si es tu primer libro. No necesitas ser un escritor o escritora reconocido para publicar un libro, siempre y cuando tengas algo que valga la pena decir creo que es importante que lo compartas. Con este libro planeo enseñarte algunas de las técnicas que me han ayudado a escribir y publicar más de 10 libros en un año. Todo lo que me hubiera gustado saber antes de empezar a escribir y publicar mis propios libros va a estar incluido detalladamente para ayudarte tanto como pueda. Por ejemplo, este libro fue escrito en 15 días. En lo personal me gustan los plazos definidos ya que nos ponen a prueba y nos ayudan a encontrar la mejor versión de nosotros mismos. Si esta no es tu manera de operar, no te preocupes ya que me aseguré de incluir otras formas en las que puedes terminar tu libro así como también ayudarte con el proceso de publicación.

Estoy segura de que eres una persona ocupada que valora su tiempo, por eso este libro esta enfocado en enseñarte la mayor cantidad de información en la menor cantidad de páginas. Voy a quitar todo el relleno y dejar la mayor cantidad de "carnita" para que lo puedas leer y poner en práctica sin ningún problema. De esta forma vas a poder empezar a escribir tu libro soñado este mes sin necesidad de perder el tiempo tratando de encontrar el cómo. Si lo que estas buscando es un libro de 100,000 palabras que detalle absolutamente todo el proceso e incluya anécdotas en cada capítulo, puede que este libro no sea para ti. Sin embargo, si te gusta la eficiencia y resolver problemas rápidamente has llegado al lugar correcto.

Dentro de este libro encontraras los tips y las técnicas que he usado personalmente y también las que he visto que otros escritores exitosos usan para escribir sus obras. Lo único que tienes que mantener en mente es que lo que funciona para mi, puede no funcionar para ti y vice versa. Yo te puedo dar todas las herramientas que necesites para escribir tu libro pero nada va a funcionar a menos que tu también pongas el esfuerzo y la dedicación necesaria para terminar este libro a tiempo. Puede que te sientas un poco frustrado o frustrada al principio por que vas a querer probar muchos estilos diferentes desde el principio en especial por la cantidad de técnicas que existen pero una de las lecciones más valiosas que vas a aprender va más allá de escribir un libro y es la de conocerte a ti mismo. Después de que termines tu primer libro, te quedarás con el conocimiento de los pasos que necesitas tomar al momento que quieras escribir el siguiente.

**** LIMITACIÓN DE RESPONSABILIDAD : La autora no toma responsabilidad por cualquiera de los resultados que se obtengan ya sea directa o indirectamente de tomar los consejos o seguir las técnicas que se encuentran incluidas en este libro. De la misma manera, la autora no toma responsabilidad por cualquier riesgo o pérdida incurrida. Los resultados y condiciones pueden variar y no hay forma de garantizar los resultados buscados, por más que se sigan todos los pasos.

CÓMO ESCRIBIR UN LIBRO

Usualmente cuando le cuento a la gente que me dedico a escribir libros me dicen que siempre han querido escribir un libro pero que jamás podrían hacerlo ya que es muy ____ (difícil, toma mucho tiempo, etc), o que son demasiado ____ (perezosos, desorganizados, indisciplinados, ocupados). Cualquiera que sea la excusa que decides usar como la razón por la cual nunca has escrito el libro que siempre has soñado es solo eso: una excusa.

Ponte a pensar donde estarías en este momento si hubieras tomado ese primer paso de empezar a escribir tu libro hace unos meses. Si piensas que solo hubieras llegado a la segunda página, te diré que lo dudo mucho. ¡Lo mas probable es que ya tuvieras un libro terminado en este momento! Sí, puede que hubiera terminado siendo horrible y escrito de manera desastrosa pero hubieras tenido algo con que trabajar. El material malo es mucho más preferible que nada de material ya que hasta el peor de los materiales se puede arreglar. Puede que incluso ese primer libro que no te gusta mucho hubiera terminado siendo una obra maestra y un best seller internacional. ¿Cómo saberlo? Pues no lo sé, nunca lo escribiste. Pero nunca es demasiado tarde para empezar. En el peor de los casos, escribes el libro y terminas vendiendo 3 copias de las cuáles la única que tu mamá compro terminó "perdiéndose". Incluso en este caso, terminarías adquiriendo muchísima experiencia que no tenías antes de publicar. Piénsalo de la siguiente forma, por más que solo hayas vendido 3 copias, igual hubieras ganado tu primer $1 en línea. Para mi en lo personal, ganar mi primer dólar en línea fue el primer paso que me confirmó que había encontrado algo que valía la pena seguir.

En lo que respecta a las personas que te rodean, puede que algunas de ellas te apoyen pero la mayoría va a dudar que seas capaz de escribir un libro. ¿Por qué escucharlos si ese es el caso? Si sabes que eres capaz de escribir un libro entonces lo eres. No escuches las críticas de los demás ya que este es tu camino para recorrer, no el de ellos.

Habiendo dicho esto, también voy a agregar que escribir un libro no es fácil, pero es uno de los sentimientos más gratificantes el terminar un libro en el que habías estado trabajando por varias semanas. Aparte de eso, también ganas un incremento en tu autoestima al terminar algo que habías prometido hacer, un proyecto que tenías presente en tu mente por años. Así que, si estas listo para empezar a escribir tu libro y dejar todas las excusas a un lado, continua leyendo, ya que te voy a dar las estrategias y los tips que use yo y que tu también puedes usar para finalmente empezar, terminar y publicar tu primer libro.

No existe una sola respuesta que te pueda decir exactamente como escribir un libro. Todos somos únicos, lo que significa que algunas personas pueden requerir más tiempo que otros para escribir, o puede que no sean los más creativos pero que sean extremadamente consistentes y disciplinados. Ninguna es mejor que la otra, ya que vamos a necesitar de ambas y lo mejor es desarrollar el lado que te falta por medio de práctica. De cualquier forma, aquí están los pasos que necesitas tomar si planeas escribir un libro.

ESCOGIENDO UN TEMA

Lo primero que necesitas para escribir un libro es un tema. ¿De qué se va a tratar tu libro? No puedes empezar a escribir si aún no sabes de qué tema vas a estar escribiendo. Ten una idea clara del tema sobre el que vas a escribir para no tener que quitar la mitad del material luego al darte cuenta de que no va con tu tema principal. A continuación hay algunas preguntas que necesitas hacerte a ti mismo antes de decidir sobre qué vas a escribir:

¿Voy a escribir un libro de ficción o de no ficción?
El largo de un libro de no ficción es significativamente más corto que uno de ficción. Tu mercado objetivo también varía muchísimo y hacer que tu libro llegue a ellos va a requerir un tipo diferente de esfuerzo y una estrategia de publicidad diferente. El estilo de escritura también es diferente ya que uno de ellos está contando una historia mientras que el otro usualmente está enseñándote algo.

¿Estoy escribiendo este libro para ganar dinero o por que quiero sentirme realizado?

En otras palabras, **¿Por qué estoy escribiendo este libro?**

Si estas escribiendo un libro para ganar dinero, lo primero que deberías de hacer es confirmar que hay un mercado para él y que la gente esta comprando libros similares o que esta dispuesta a gastar dinero para adquirir la información que estas ofreciendo. Lo ideal sería buscar un nicho en el cual haya una alta demanda y una baja oferta. Esto te dará ventaja ya que no hay tanta competencia.

Si estas escribiendo un libro por que crees que te haría sentir realizado o por que es algo que siempre has querido hacer y no te importa si solo vendes una copia ya que era más un desafío que otra cosa entonces no importa el tema que elijas, siempre y cuando lo termines. Si te encuentras en esta situación, te recomiendo que escribas sobre un tema que te encante y con el que no tengas problemas para adquirir información.

Por último, la razón por la cual estas escribiendo este libro te va a ayudar a seguir escribiendo cuando el camino se ponga difícil y te resulte casi imposible pasar otra hora enfrente de la computadora en lugar de salir con tus amigos en el fin de semana o después del trabajo.

Tu razón debe ser lo suficientemente poderosa para ayudarte a terminar tu libro en un mes. No es lo mismo tener de meta el "volverme uno de los autores mejor vendidos de mi país" que tener "ganar $10 extra al mes". Recuerda que tu razón es lo que te va a empujar para terminar tu libro cuando todo lo demás falle.

¿Voy a escribir sobre una idea que ya tenía o es este un nuevo proyecto?

Los nuevos proyectos usualmente toman más tiempo para crear ya que necesitas ponerte creativo al idear todo lo que va a pasar en el libro así como también idear cómo van a ser los personajes y la trama. En una de mis clases conocí a un chico que había estado pensando en escribir y publicar su propio libro desde hacía años. Cuando al fin se decidió a empezar a escribir, terminó con 80,000 palabras y contando de material listo para ser editado y publicado. ¿Estas familiarizado con tu historia? Si planeas escribir un libro de no ficción, la pregunta se vuelve la siguiente:

¿Se lo suficiente de este tema como para escribir un libro completo acerca de eso?

Es mucho más fácil escribir un libro en el que la trama se desarrolla en la ciudad en la que vives o en una ciudad con la que estas familiarizado a comparación de una ciudad que no conoces o de la que no sabes nada.

De la misma forma, si planeas escribir un libro sobre radicales libres y no tienes ni la menor idea de que son, estás destinado a pasarte horas investigando el tema ya que necesitarás volverte un experto antes de empezar a escribir. Escribir acerca de algo que ya conoces puede resultar siendo mejor para ti y para el lector, ya que es algo sobre lo que ya tienes años de experiencia y conocimiento acumulado que puede ayudar a otra persona que está empezando a interesarse en el tema y le gustaría saber más sin tener que pasar por la misma larga curva de aprendizaje por la que pasaste tu.

¿Existe suficiente información en línea o libros sobre este tema que pueda encontrar fácilmente?

Esta pregunta sirve por dos razones. La primera es que por más que sepas lo suficiente sobre un tema como para escribir todo un libro de esto, aún existen algunos subtemas que pueda que tengas que investigar para corroborar o incluso para probar que ese otro autor tiene información incorrecta y te sirva para probar un punto en contra.

Por el otro lado, si hay demasiada información a la cual todos pueden acceder fácilmente, no tendría sentido el poner aún más información sobre eso a menos que tengas un punto de vista diferente. Sin embargo, si hay demasiada información existente, podrías encontrar la forma de sintetizar los puntos más importantes y las fuentes más confiables para ahorrarle tiempo al lector y que no tenga que pasar horas leyendo información dispersa. El tipo de lectores que compra estos libros son aquellos que valoran su tiempo más de lo que les cuesta comprar el libro.

¿Es este tema algo sobre lo que pueda pensar, ver y soñar por 30 días seguidos sin cansarme?
Este libro se trata acerca de cómo escribir un libro de forma rápida y sacarlo al mundo lo más pronto posible. Para lograr esto vas a necesitar sumergirte en el tema que hayas escogido. ¿Estas listo para volverte un experto en el tema? Por que

en los próximos 30 días, lo único con lo que vas a llenar tu maravillosa mente va a ser tu próximo libro.

Ahora que ya estas claro acerca de lo que quieres escribir y sacaste del camino todos esos detalles, es tiempo de seguir y decidir como vas a escribir el libro. Dependiendo del largo del libro, este siguiente paso es más que nada psicológico, ya que vas a tener que pasar más de unas cuantas horas por semana escribiendo y editando el contenido.

DISEÑO, LÍNEAS DE TIEMPO Y PERSONAJES

Antes de empezar necesitas un mapa de como va a estar escrito el libro. Lo que me gusta hacer a mi es empezar con la tabla de contenido y luego empezar a escribir los nombres de los capítulos como temas que me gustaría incluir en el libro. Al momento de escribir ficción, estos capítulos pueden ser eventos especiales o que definen un punto en particular que es importante para la trama.

Escoge títulos claros para cada tema que sinteticen la información que vas a incluir en cada capítulo. Un ejemplo podría ser un capítulo llamado "Recetas para la dieta Ketogénica que puedes hacer en 10 minutos" en lugar de algo como "recetas con alto nivel de proteína" ya que le dice al lector exactamente lo que van a encontrar cuando vayan a ese capítulo. Si estás escribiendo un libro de ficción, estos títulos deberían resumir el evento más importante que va a pasar en ese capítulo. Títulos como "Mi corazón se rompe otra vez" Son más emocionales y conectan con el lector de una mejor forma que "10 de Diciembre - media mañana". En resumen, busca un resumen que despierte alguna emoción.

Cuando se trata de elegir lo que vas a incluir en cada capítulo (antes de empezar a escribir) puedes hacer una tormenta de ideas en una hoja de papel o incluso usar Post-its de diferentes colores para ir escribiendo las ideas más importantes y luego moverlos de lugar para tener la idea principal en la parte de arriba y luego las demás ideas agrupadas debajo.

Hacer lluvias de ideas me gusta por que me deja ver todas las ideas que tengo de una forma desorganizada y sin estructura, por lo que cualquier cosa es posible hasta este punto. Todas las ideas son válidas y puede que algunas de ellas no lleguen a la edición final así que no te preocupes demasiado por lo que se te vaya ocurriendo. Simplemente concentrate en escribir. Este ejercicio te deja ser tan creativo como quieras sin necesidad de poner presión en el autor. Entre más ideas tengas, más fácil será quedarte con las mejores.

Este también es el momento perfecto para ir decidiendo lo que quieres mantener dentro del libro o si hay algunos capítulos que preferirías no incluir. ¡Puede que incluso te des cuenta de que tienes suficiente material como para escribir 3 libros en lugar de 1!

La planeación de una libro de ficción va a ser un poco más complicada pero aún así se puede usar la misma técnica. Para los libros de ficción necesitas tomar un paso previo a la división de los capítulos y es el establecer una línea del tiempo. Esta parte es *esencial* para un libro de ficción. Una línea de tiempo te va a ayudar a entender en qué momento esta sucediendo todo y si tiene sentido para tus personajes el hacer algo específico de acuerdo a lo que está pasando en sus vidas. Por ejemplo, si tu personaje principal está estudiando en la universidad y quiere irse a Europa por un mes, no tendría sentido que se fuera en Febrero o Septiembre, sino que tendría más sentido que viajara en Diciembre o en Junio dependiendo de su ciclo académico.

Esto también beneficia al lector ya que si ocurriera un salto significativo en el tiempo, puedes aclarar cuanto tiempo ha pasado desde el evento anterior o cuanto tiempo pasará hasta que pase un evento en el futuro.

Dependiendo del espacio de tiempo en el que tu libro esta pasando, puede que lo quieras dividir en días, meses, años o eventos importantes. Sin importar que tan larga sea la línea del tiempo con la que estés trabajando, vas a necesitar identificar correctamente el momento en el que cada evento pasa. Esto lo puedes hacer al dibujar una línea de tiempo en una hoja de papel y empezar a añadir eventos. Esto puede hacerse para cada personaje para que sea más fácil notar los diferentes sucesos, lo que esta pasando, donde y como se conecta con los otros personajes del libro. Por más que suene como mucho trabajo extra, te ayudará a escribir el libro y aunque uno de tus personajes esté pensando en un momento del pasado ya que sabrás exactamente cuando fue y como se conecta con la vida de los otros personajes.

Para escribir ficción tienes que pensar en los personajes como si fueran gente de verdad. Todos tienen vidas diferentes, sueños y miedos que van a guiar las acciones que tomen en el libro. Para cada personaje deberías de llenar un perfil, aproximadamente de una página, que te ayude a identificarlo de forma fácil y rápida y para mantener un récord de quien es. Si tu personaje más aventurero está nervioso antes de subirse a una montaña rusa entonces debe existir una razón detrás de sus nervios. Puede que haya tenido una mala experiencia cuando era más joven o simplemente no le gusta la velocidad. Cada personaje (al igual que cada persona) es un océano, no lo hagas parecer un charco.

Conforme vayas escribiendo el libro vas a notar que a veces, los personajes empiezan a cambiar dependiendo de como vaya evolucionando la historia. Se siente casi como si estos personajes ficticios fueran los que están escribiendo el libro y tu solo estás allí para contar su historia. Conecta con tus personajes y haz todo lo posible por entenderlos a un nivel más profundo.

En la siguiente página incluí un ejemplo de lo que puedes incluir en un perfil. Siéntete libre de añadir o quitar cualquier cosa que consideres relevante y acuérdate de divertirte creando a tus personajes.

Extra tip: imprime la siguiente página o tenla a la mano al momento de escribir y asegúrate de incluir los detalles que van cambiando en tus personajes conforme avanza la historia.

PERFIL DE PERSONAJE

Nombre:
Edad:
Altura:
Peso:
Color de piel:
Color de pelo:
Color de ojos:
Personalidad:
Nacionalidad:
Viviendo en:
Ocupación:
Título:
Logros:
Estilo:
Hobbies:
Fortalezas:
Debilidades:
Frases que suele usar:
Mayor sueño:
Mayor miedo:
Se relaciona con quien y de que forma:

LARGO

Ha llegado el momento de tomar otra decisión. ¿Qué tan largo quieres que sea tu libro? Si estas escribiendo un libro de no ficción, lo recomendable es que sea por lo menos de 10,000 palabras ya que cualquier cosa más corta que eso puede hacer que el libro se vea más como un panfleto y es más probable que la gente deje comentarios negativos si tu libro es demasiado corto o si es demasiado caro para el largo/información que tiene. Ahora, si quieres escribir un libro de ficción, deberías apuntarle a las 50,000 palabras. Los lectores de obras de ficción tienden a consumir mucho más material y son más propensos a comprar la secuela si les gustó la historia o se enamoraron de uno de los personajes. Mientras que los lectores de no ficción están buscando la solución a un problema en particular o buscan educarse sobre un tema en específico, lo que significa que es muy probable que lean más obras sobre el mismo tema o que les ayuden a resolver su problema.

El tema también va a definir que tan largo tiene que ser el libro. Si escoges un tema con muchísima información disponible del cual sabes mucho, va a volverse muy fácil para ti el escribir un libro más largo. Ten cuidado si estás escribiendo un libro de no ficción ya que si este es el caso puede que necesites filtrar la información que pueda no ser útil para tu lector. Recuerda que a fin de cuentas, lo más probable es que esté buscando un libro para adquirir conocimiento. Por otro lado, si estás escribiendo un libro acerca de un tema amplio como el cancer, lo más probable es que sea más largo que uno sobre como publicar un video en Youtube. Incluso dentro del género ficción existen libros que son más cortos (alrededor de 20,000 palabras) y otros que son más largos (alrededor de las 150,000 palabras). Si tu libro está tan bueno como para escribir 150,000 palabras sobre el tema, siempre puedes decidir dividirlo en 3 libros de 50,000 palabras y publicarlos por separado.

Saber el largo del libro va a ser extremadamente útil para escribir de forma consistente, este es el tema del siguiente capítulo. Como nuestro objetivo es ayudarte a terminar de escribir tu primer libro en un mes, te aconsejo que tomes el largo que quieres que tenga tu libro y lo dividas dentro de 20. Si tu meta es publicar un libro de 30,000 palabras, deberías de apuntarle a escribir 1,500 palabras diarias. Puede que te estés preguntando, ¿por qué dividir el largo del libro entre 20 si un mes tiene 30 días? La respuesta es tan simple como la pregunta: simplemente no vas a escribir 1,500 palabras todos los días. La vida a veces interrumpe nuestro camino y hay días en los que pareciera que no tenemos suficiente tiempo ni para dormir 5 horas. No te preocupes, esto ya ha sido tomado en consideración. La razón por la cual vas a dividir el largo total en 20 en lugar de 30 es por que esta es la cantidad de días en los que probablemente vas a escribir el número de palabras que te propusiste, por lo que no necesitas preocuparte si solo escribes 500 palabras un día ya que tienes suficiente tiempo para recuperarte al día siguiente. Esto también te da días suficientes para mandar el libro a revisión y cambio de formato así como también ordenar una portada o diseñarla tu mismo.

Un último punto que cubrir sobre el largo de los libros es que si tienes un libro de ficción de más de 200,000 palabras o uno de no ficción de más de 100,000 palabras, puede que quieras considerar dividirlo en dos volúmenes en lugar de publicar un solo libro que se vea intimidante y que los clientes no quieran ni empezarlo a leer ya que sería mucho compromiso. Si eres un autor novato, deberías de buscar escribir un libro que esté en ese punto ideal en el que es lo suficientemente largo como para que le resulte atractivo al lector pero lo suficientemente corto para que las personas si lo quieran leer y no piensen que les va a llevar una vida terminarlo.

SER CONSISTENTE ES LA CLAVE

Puede que pienses que puedes escribir 5,000 palabras diariamente para un libro ya que lo has hecho antes para entregar a tiempo un ensayo de la universidad. La realidad es que si quieres terminar tu libro, lo mejor es dividir la tarea en pequeños bloques de palabras que te puedas comprometer a escribir todos los días. Es mucho mejor escribir 2,000 palabras todos los días de forma consistente que tratar de escribir 5,000 palabras al día, todos los días y luego fallar ya que es difícil incluso para un escritor con experiencia escribir 5,000 palabras diariamente. Personalmente he encontrado que puedo escribir 2,000 palabras al día de forma consistente sin generar ningún desgaste o cansarme del libro e incluso puedo llegar a escribir 4,000 palabras en un día si decido saltarme un día de escritura por algún motivo.

Tu propio rango depende de que tan familiarizado estés con la escritura y cuanto tengas que decir. Si te das cuenta de que solo puedes escribir 1,000 palabras al día de forma consistente entonces puedes hacer eso pero toma en consideración que te va a tomar el doble de tiempo que si estuvieras escribiendo 2,000 palabras al día. La diferencia entre esos que pueden escribir y publicar un libro en un mes es la consistencia.

Necesitas ser realista acerca de cuanto tiempo vas a dedicar a tu libro por día y luego comprometerte a cumplirlo. Van a existir tentaciones y salidas con amigos a las que vas a dar todo por asistir e incluso vas a encontrar que un artículo sobre psoriasis se convierte en el artículo más interesante del mundo cuando tu subconsciente está tratando de hacerte procrastinar en la escritura de tu libro. No le hagas caso a estas distracciones. Tu propio cerebro va a tratar de sabotearte y distraerte con otras actividades e incluso puede que sufras de un ataque de ansiedad pensando que tu libro no es lo "suficientemente bueno" incluso antes de que lo hayas escrito y encontrarás cualquier excusa para posponerlo. ¿Ves la ironía de la situación? Si este es el caso, lo que puedes hacer es publicar el libro bajo un pseudónimo para que las críticas no te duelan tanto.

Volviendo al tema de escribir de forma consistente, necesitas crear el hábito de escribir, sin importar a que hora o en donde decidas hacerlo. Puedes comprometerte a escribir todos los días a las 10 de la mañana después del desayuno o a las 9 de la noche luego de volver del gym y tomar un baño. La hora a la que decidas escribir depende de tu propio horario y de tu estilo de vida. ¿A qué hora sientes que eres más creativo? ¿Te gusta más escribir en la mañana o en la noche? ¿Prefieres escribir al nomás levantarte o justo antes de irte a dormir? No importa a que hora decidas escribir siempre y cuando puedas dedicarle por lo menos 1 hora al día. Escoge un horario para escribir y haz todo lo posible por hacerlo todos los días a la misma hora. Crear el hábito de escribir hará que sea 10 veces más fácil y rápido para ti y bloquear el espacio de tiempo te va a preparar para tomarte toda esa hora y enfocarte solamente en tu libro. Al final, "es solo una hora".

En lo que a escribir respecta, simplemente escribe. Escribe cualquier cosa que te venga a la mente sobre el tema y sigue escribiendo. No pares a editar lo que has escrito ya que esto puede cortar el flujo creativo que has creado. Simplemente sigue escribiendo y eventualmente, algo increíble saldrá y ni tu mismo creerás que acabas de escribir una obra de semejante calibre. Date la libertad de sorprenderte a ti mismo.

Otro tema importante que hay que tocar al momento de hablar de consistencia es el tipo de escritor que eres. Si eres del tipo kamikaze que puede escribir 12,000 palabras en un día y preferiría terminar en 24 horas, se vale. Podrías tomarte un fin de semana para encerrarte en tu cuarto y escribir como un maniaco por 3 días y salir con el producto terminado. Tú eres quien decide cuando y como se va a hacer, solo asegúrate de escribir de forma consistente. Sin importar si son 20 días escribiendo 2,000 palabras al día o 3 días escribiendo 6,000 palabras al día, mantén un flujo constante hasta que termines y no te tomes más de un día de descanso entre tus días de escritura. Y sí, deberías de escribir el fin de semana y entre semana después del trabajo o la universidad. En el mejor de los casos, deberías de escribir todos los días, por más que solo sean 400 palabras. La clave aquí es conocerte y entender el tipo de escritor que eres.

Si no te sientes en el estado de ánimo correcto como para escribir, escribe una oración. Eso es todo. Enciende tu computadora y escribe una oración. Lo más probable es que esto tenga un efecto de bola de nieve en el que empezarás a escribir sobre otros temas o incluso termines un capítulo o unos cuantos. El primer paso siempre es el de mayor resistencia y entiendo que hay días en los que la motivación simplemente no se encuentra allí. Si esperas que la motivación por si misma te lleve a terminar el libro, te espera un mes muy difícil, ya que la motivación es lo primero que desaparece. Por eso es que es tan importante crear el hábito tan pronto como sea posible y tener una razón concreta de por que quieres escribir este libro. Puede que quieras terminarlo antes de tu cumpleaños o necesites publicarlo antes de una fecha en específico como el Amazon Prime Day para poder vender 4 veces lo que venderías en una época normal. Usa metas como estas para que te sirvan de motivación cuando todo lo demás falle y agárrate de ellas como si fueran tu caballito de batalla.

Hace unos meses fui a una entrevista de trabajo en la que el entrevistador me preguntó en que estaba trabajando actualmente, por lo que le respondí que era escritora y que había escrito unos cuantos libros. Lo que me pareció interesante fue que la primera pregunta que me hizo fue de donde sacaba la inspiración para escribirlos. Le respondí que había encontrado que la disciplina usualmente precede a la inspiración y que es mucho más fácil encontrar inspiración si te comprometías a sentarte una hora todos los días, por más que no tuvieras nada que escribir en ese momento. Probablemente pensó que era una psicópata, pero me ofrecieron el trabajo. Sin embargo, mi respuesta es totalmente verdadera, y me pasa lo mismo con cualquier actividad que empiezo. Cuando le dedicas un periodo de tiempo determinado a cualquier cosa que decidas hacer, se va a volver mucho más fácil terminar ese proyecto en lugar de quedártele viendo pasivamente desde la distancia y esperando meses para seguir escribiendo.

ESCRIBIENDO EL LIBRO

¡Hay tanto que hacer! ¿Dónde debería empezar? ¿La respuesta?, en cualquier lado y en todos lados, siempre y cuando empieces no importa mucho el donde. Por lo general yo empiezo a escribir el capítulo que más me llame la atención de primero o el capítulo que me emocione más para empezar con el pie derecho. Luego, si una idea relacionada con otro capítulo se me viene a la mente, me voy directamente a ese capítulo y empiezo a escribir. Algunos escritores prefieren empezar con el primer capítulo y luego seguir en orden hasta terminar con el último. Si no tienes idea de donde empezar, siempre puedes escribir los nombres de cada capítulo en pedazos de papel, doblarlos y elegir uno al azar. Por más que no tengas ni la menor idea de que escribir en ese capítulo que te tocó, es una señal clarísima de que necesitas empezar a investigar el tema y dedicarle más tiempo para poder escribirlo sin tanto problema.

Créeme que entiendo que se puede sentir abrumante el tener un proyecto tan grande frente a ti pero míralo de esta forma, cada palabra que escribas te está llevando un paso más cerca de la meta y entre más pronto empieces, más pronto vas a terminar. De la misma forma que entre más escribas, más rápido vas a llegar a tu meta. Por más que solo puedas escribir 100 palabras un día, eso te hará estar 100 palabras más cerca de un libro terminado.

Bajo ninguna circunstancia procrastines. Empieza lo antes posible y escribe tanto como puedas, por más que no estés seguro de si vas a incluir el material. Las ideas sobre que escribir se te van a ocurrir en los lugares más extraños y necesitas estar preparado para cuando esto pase. Si se te ocurren ideas al momento en el que estás en el baño/bus/bar asegúrate de tener tu celular siempre a la mano y mandarte un mensaje de texto con lo que se te ocurra. Si te dices a ti mismo que lo vas a escribir una vez llegues a tu casa, lo más probable es que se te olvide tan pronto como te sientes a escribir. Si tienes algo que agregar, hazlo inmediatamente.

Una vez tengas algunos capítulos del libro escritos, te va a tocar aceptar que el libro no va a ser perfecto. Necesitas olvidarte de la idea de que tu primer libro será perfecto, por más que eso sea lo único que quieras de él. No seas tan duro contigo mismo ya que este primer libro probablemente no va a ser tu favorito. Espera unos cuantos días antes de empezar a editar y luego quita o edita lo que necesites. Terminado es mejor que perfecto, y te puedo decir que por experiencia propia, nada va a ser "perfecto". Ahora, que este primer libro no sea perfecto tampoco te da una excusa para publicar cualquier cosa que se te venga a la mente. Obviamente no puedes esperar publicar un libro con pésimo contenido y esperar a que se venda continuamente ya que las malas reseñar lo matarán antes de que llegue muy lejos.

MENTALIDAD

En lugar de decir cosas como "Nunca podría escribir un libro por que ____", empieza a prepararte para el éxito con razones y acciones que te demuestren que sí puedes escribir un libro fantástico. Puede que sepas muchísimo sobre un tema o que seas un experto investigando por lo que puedes encontrar cualquier cosa en línea. No importa lo que uses o lo que te digan los demás siempre y cuando seas tu propio fan o simplemente te obligues a escribir aún cuando no te sientas motivado.

Tu mentalidad va a estar influenciada en gran parte por las personas con las que te rodeas. Presta atención a la forma en la que reaccionan cuando les hablas de tus proyectos. ¿Te apoyan y te motivan a alcanzar tus metas? ¿O acaso dudan de ti y critican todo lo que haces? En ocasiones lo único que necesitamos es oír unas cuantas palabras motivadoras de alguien más para poder encontrar ese pedacito extra de motivación que necesitamos para terminar nuestros libros. Encuentra quienes son estas personas y busca sus consejos cuando sientas que el camino se pone difícil y quieras dejar tu libro sin terminar. No te olvides de agradecerles por toda su ayuda y tiempo ya que estas personas son las que vale la pena tener a tu lado y regresarles el favor de ser su apoyo cuando te necesiten.

Consejo de vida: aquellas personas que no te apoyan y no se alegran por tus logros no son amigos de verdad. Encuentra personas en las que puedas confiar y con quienes hablar de tus sueños e ideas. Yo estoy segura de que tu puedes lograr esto y cualquiera que diga lo contrario está mintiendo. No estarías leyendo un libro de como escribir tu primer libro si no estuvieras lo suficientemente comprometido con tu meta. Si no tienes un equipo de apoyo cerca de donde vives, siempre puedes unirte a un grupo de Facebook con personas que comparten tus mismos intereses. Existen comunidades enteras de personas que aman dar consejos y ayudar a otros autores a llegar a donde están ellos. Recuerda que no estas solo en este camino y que un mentor puede estar mucho más cerca de lo que crees.

Habiendo dicho esto, tus peores enemigos no van a ser aquellas personas que critican tu libro, sino que vas a ser tu mismo. Se va a sentir como una tarea eterna que no puedes terminar y vas a querer renunciar por lo menos 10 veces. Sigue escribiendo. Dividir el libro en unidades más pequeñas te va a ayudar a verlo menos intimidante. Escribir un capítulo no es tan difícil como escribir todo un libro, por lo que en lugar de pensar que tienes que escribir un libro este mes, piensa que tienes que escribir un capítulo este fin de semana. Por más que un capítulo pueda sonar como una gran tarea para ti, solo tienes que recordar que un capítulo es una colección de párrafos que a su vez son un conjunto de oraciones. Una oración se siente como una nada pero te va a llevar un paso más cerca a la meta final. Ahora que ya tienes claro el como, es hora de poner el esfuerzo necesario para hacer de tu libro una realidad. ¿Ya empezaste a escribir tu libro?

MATERIAL NUEVO

Imagina que ha llegado el momento en el que has escrito alrededor de 8,000 palabras, ya vas a la mitad del libro que siempre habías querido escribir pero te encuentras con un pequeño problema, no te queda nada de inspiración. Literalmente nada se te ocurre, sin importar que tanto trates de seguir escribiendo. En lugar de quedarte viendo la página con la mente en blanco y sin nada que escribir, empieza a investigar y a inspirarte.

Existe suficiente información sobre el tema y está disponible en cualquier formato que prefieras: video, audio o texto. Si estás escribiendo un libro sobre maquillaje, métete a Google o a Youtube y busca el tema en específico sobre el que estás trabajando. Incluso buscar cosas como "maquillaje comestible" es válido y existen casi 22 millones de resultados en Google.

Leer artículos sobre el tema que estás escribiendo va a ayudarte a expandir tu propio conocimiento y contenido al exponerte a ideas nuevas. Esto no significa que deberías de copiar el material de otros, nunca hagas eso. Sino que significa que si el otro autor menciona algo que no hayas considerado pero que sea relevante para tu libro y para tu audiencia, sería importante que lo incluyeras luego de darle tu propio enfoque. Si vas a incluir el trabajo de otras personas en tu libro asegúrate de citarlo correctamente y darles el crédito requerido, es su trabajo después de todo.

Ver videos del tema sobre el que estas escribiendo te va a expandir la perspectiva al exponerte al punto de vista y experiencias de otras personas, así como también te dará mucho material visual para hacer tu libro más descriptivo. Esto es súper importante cuando estas escribiendo ficción ya que necesitas crear un mundo vívido que el lector se pueda imaginar, desde la comodidad de tu casa. Ver videos o fotos que otras personas tomaron en el lugar en el que se desarrolla tu historia te ayudará a familiarizarte con los pequeños detalles de esa ciudad o pueblo, visto desde un ángulo diferente.

Si estas escribiendo un libro que se basa en una ciudad a la cual nunca has ido, no te preocupes, en internet existen suficientes recursos que puedes usar para que parezca que has estado allí y estas familiarizado con el área. La primera herramienta es Google maps, aquí puedes buscar cualquier calle o dirección e incluso "caminar" como si estuvieras allí. Esto te va a ayudar a darte una idea de como es el lugar y cuanto tiempo toma moverse de un lugar a otro. Mientras que este no sea un sustituto perfecto, es una gran ayuda que tienes a tu alcance. Otra técnica es ver videos o blogs en Youtube (o incluso cuentas de Instagram) de personas que están visitando ese lugar o que vivan allí ya que te va a dar una idea bastante clara de como se ven las calles en las diferentes estaciones. Aparte de eso, también puedes ver las experiencias e historias de personas que se mudaron a esa ciudad o su impresión luego de vivir allí por cierto tiempo.

Hablar con otras personas puede inspirarte a escribir contenido sobre el que no hayas pensado previamente. Todos tenemos un punto de vista diferente y necesidades diferentes. Puede que estes viendo el libro desde un ángulo que nadie había visto pero también necesitas atarlo a otros ángulos (o a la realidad) para que los demás lo puedan entender. Tengo un amigo que siempre dice que dos cabezas piensan mejor que una. Lo mejor es escuchar a otros para entender su perspectiva y luego incorporarla a tu propio material, haciendo tu posición más fuerte o más fácil de entender para otras personas que piensen parecido a ellos.

Si te has quedado sin material, puede que sea debido a que ya no te sientes inspirado por el tema de tu libro o que estés cansado de pensar y escribir acerca de ____ todo el día, todos los día. Puede que parezca una buena idea descansar por dos o tres días para volver a encontrar el amor por el tema de nuevo. No hagas esto. Sigue escribiendo de forma consistente todos los días si es posible, por más que solo sean 500 palabras que vas a quitar en el futuro. Créeme que esos dos días pueden terminar volviéndose cinco y luego se vuelven un mes y cuando te des cuenta, vas a seguir en el capítulo 1 de tu amado (e incompleto) libro. Te lo digo por que me pasó con uno de mis libros, si te vas a tomar un día asegúrate de que solo sea un día.

Cuando todo lo demás falla (o incluso cuando todo vaya de maravilla), trata de escribir libremente cualquier cosa que se te venga a la mente. Por más que termines eliminando la mitad de lo que escribiste, seguramente la otra mitad va a ser muy buena o por lo menos profundo. Es preferible regresar a una página llena de errores ortográficos y oraciones que no tienen mucho sentido (todavía) que regresar a una página en blanco. Puedes trabajar con tus errores pero no puedes pretender trabajar sin material.

Cuando estes escribiendo y editando tu libro necesitas preguntarte a ti mismo si el contenido que estás creando es valioso para tu lector. Si pudiste haber dicho lo mismo en 10,000 palabras pero te tomó 100,000 entonces te hubieras hecho a ti mismo y a tu lector un favor al ahorrarles 90% de su tiempo y del tuyo. Un libro más largo no necesariamente significa que sea mejor. Esto va para los lectores también: es preferible leer un libro lleno de valor que puedes terminar en una hora a leer un libro lleno de puro relleno que te va a tomar 5 horas terminar. Enfócate en el valor que estas creando para el lector y mantén la meta de crear valor como una prioridad, en especial si es tu nombre el que estará en libro ya que es mucho más difícil recuperarse de una mala publicación de lo que es empezar desde cero.

LOGÍSTICA DE LA ESCRITURA DE UN LIBRO

Ahora que hemos cubierto el contenido, hablemos de logística. Obviamente vas a necesitar un lugar para escribir tu libro. Algunas personas prefieren escribir en papel, otras en su computadora. Escoge escribir en computadora desde el principio y familiarízate con escribir allí. Esto te va a ahorrar muchísimo tiempo y dinero si no quieres pagarle a alguien para que transcriba tu escritura si es que no tienes tiempo para hacerlo tu mismo.

En lo que respecta al programa que deberías usar para escribir tu libro, esto depende de ti pero en lo personal utilizo Pages y mantengo una copia en Documentos de Google. Si quieres puedes usar Word o Pages para escribir tu libro y te sugeriría que usaras las notas de tu teléfono o un documento aparte en Documentos de Google para escribir ideas para tu libro. En algunas ocasiones se nos ocurren ideas geniales cuando estamos manejando o lejos de nuestra computadora y es esencial escribir tus ideas antes de que se te olviden. Tener tu teléfono cerca te va a ayudar a mantener un récord de todas estas ideas para que luego puedas agregarlas a tu libro. Cuando se te venga algo a la mente, puedes mandarte una nota de voz en WhatsApp o un mensaje por medio de iMessage. Lo importante es que escribas la idea tan pronto como sea posible para que no se te olvide nada. A mi me gusta usar los documentos de Google ya que aquí puedo mantener ideas para diferentes libros de forma separada y en orden para que cuando quiera empezar a escribir después de quedarme sin ideas, simplemente puedo meterme al documento y trabajar con alguno de los párrafos que escribo mientras que estaba en el gym.

Pasa que a veces tenemos momentos de genialidad mientras que llevamos a cabo una actividad completamente aleatoria, esto pasa (en términos simples) por que la información que ha estado circulando en nuestro consciente y subconsciente, junto con diferentes estímulos del ambiente, ha creado algo sin que nos hayamos dado cuenta. Esta es una de las razones por lo que es importante escribir sobre un tema que te encante o te cause curiosidad, necesitas estar preparado para que toda tu mente sea invadida por este tema durante todo un mes. Si casualmente escribes 1 capítulo cada dos meses, el libro va a tomar una vida para terminar y será mucho más difícil seguirle la pista a lo que estas escribiendo y atar todos los diferentes temas.

A fin de cuentas, cuando se trata de escribir un libro, necesitas encontrar eso que funciona mejor para ti. Yo escribo mis libros en un documento de Pages de principio a fin y voy editando y agregando detalles sobre eso. Hace poco vi un video de otra escritora que prefería escribir cada capítulo de forma individual en un documento separado. A mi me gusta saltarme de capítulo en capítulo para agregar información a cada uno en el momento en el que se me ocurre pero si preferirías tenerlo separado en bloques para dividir la atención y terminar con un tema primero, eso depende de ti. Seguir un estilo de escritura no quiere decir que no puedas cambiar o mezclarlos entre ellos. Al principio vas a querer experimentar con diferentes estilos hasta que encuentres el que funciona mejor para ti.

ESCRIBIENDO COMO NEGOCIO

Si planeas escribir o publicar con el fin de ganar dinero, lo primero que tienes que hacer es probar la demanda. Si quieres escribir un libro acerca de como hacer Thumbnails (miniaturas) para Youtube pero nadie esta buscando eso, tu libro no se va a vender. Por lo tanto, el primer paso debería de ser buscar un tema que vaya a vender antes de empezar a escribir el libro.

Si en todo caso escribir es una actividad que no te agrada, no hay necesidad de escribir tu propio libro. Todavía puedes compartir tus conocimientos con el mundo al contratar a un escritor y trabajar juntos en el proceso o puedes usar la herramienta de dictado de tu teléfono y ponerte a hablar. Existen infinidad de opciones si quieres publicar un libro y gracias a la tecnología actual ni siquiera necesitas escribirlo tu mismo. Si quieres contratar a alguien para que te ayude a escribir entonces puedes buscar una en Google ya que hay bastantes compañías que se dedican a proveer este servicio. Aparte de las compañías, también puedes contratar escritores que trabajen de forma independiente por medio de plataformas como Fiverr o Upwork. Antes de contratar a alguien, asegúrate de revisar que tenga buenas críticas y buena puntuación ya que no todos los que ofrecen este servicio son buenos escritores. Esto incluye tanto a los escritores independientes como a las compañías pero por lo general, las compañías tienen la ventaja de poder contratar a los mejores ya que pasan por varios filtros para demostrar que son capaces y responsables.

Para mi, este fue uno de los pasos más retadores del proceso ya que habían varias personas ofreciendo los servicios de escritores pero la mayoría no eran buenos escritores… Usualmente, si parecen demasiado buenos para ser verdad, lo más probable es que en serio sea demasiado bueno para ser verdad y estén tomando el contenido de otro libro. Uno de los escritores que contraté cometió plagio de casi un libro entero y luego me lo vendió como si lo hubiera escrito él. Estaba re-estructurado de cierta forma que ninguno de los sitios web que utilicé para chequear si era contenido plagiado lo podía detectar. Esto es sumamente peligroso desde el punto de vista legal por los derechos de autor, legalmente esto es como robarle a otro autor. Obviamente al final no pude publicar este libro y jamás volví a contratar a este escritor pero me hace pensar que si no hubiera chequeado 3 sitios web diferentes y con métodos diferentes hubiera podido tener muchísimos problemas legales. La lección aquí es simple: si vas a pagarle a alguien para que te escriba tu libro, asegúrate de contratar a alguien o a alguna compañía que sea de confianza y asegúrate de revisar que el contenido no haya sido robado de otro autor o de un artículo. Te sugeriría que uses una compañía para escribir tu primer libro ya que esto te ofrece una capa extra de protección.

Por cierto, no publiques contenido que sea de dominio público. Esta es una movida mal vista y tus lectores se darán cuenta de que pudieron haber encontrado toda la información en línea y de gratis.

Ahora, para cambiar de tema, ¿qué puedes hacer para traducir un libro que ya escribiste? Este es un escenario completamente diferente ya que el contenido fue creado por ti. Lo que significa que tu eres el dueño de los derechos de autor y que no deberías tener ningún problema al traducirlo a otro idioma (o 10) y publicarlo.

Una de las formas de expandir tu marca y llegar a personas en mercados con menos competencia es traduciendo tu libro a otro idioma. Antes de hacer esto deberías de probar la demanda en estos mercados para saber si vale la pena el esfuerzo o dinero que vas a gastar para traducir el libro. Existen temas que son sumamente populares en mercados de habla inglesa pero cuando son traducidos al español no generan ventas. Todas las personas tienen distintos intereses y estos varían aún más cuando son vistos con el lente cultural de cada región. Un ejemplo bastante claro es el minimalismo, mientras que este es un tema con bastante auge en el mercado estadounidense entre varios grupos de personas, tengo un par de amigas Latino Americanas que nunca habían oido hablar del minimalismo e incluso me preguntaron de que se trataba. No hace falta aclarar que no estaban interesadas en adoptar un estilo de vida minimalista o en leer todo un libro acerca de minimalismo. Puede que este no sea el mejor ejemplo pero te puedes dar cuenta de la popularidad de cada tema al buscar en Amazon "minimalism" y luego el equivalente de la traducción en otros idiomas como el español. Aquí puedes ver que la cantidad de libros publicados sobre el tema y también el número de reseñas en cada uno de los libros es mucho menor que los resultados que te da la misma palabra en inglés.

MONETIZANDO OTRAS PLATAFORMAS

Si estas pensando en escribir (o publicar, mejor dicho) como una forma de ganar dinero, supongo que también estas buscando otras formas de maximizar tus ingresos. Una forma estupenda de usar tu contenido y esfuerzo más de una vez es usar el contenido de tu libro para tu blog o vice versa. Uno o dos artículos de tu blog podrían volverse un capítulo de tu libro, y es mucho más fácil escribir un libro si tienes tus ideas organizadas por tema y por título. Tener un es como una forma de tener un portafolio de contenido a tu disposición que puedes reorganizar para publicar luego. Esto funciona al revés también, ya que puedes publicar tu libro y luego dividirlo en publicaciones que publicas cada semana o incluso puedes usarlo como contenido especial para tus suscriptores. Si quieres crear un blog por solo $3.95 con dominio incluido, **haz click aquí** o entra a mi blog **https://entrepreneurban.com/wp/** para no perderte de esta oferta.

La monetización de tu libro no se termina al publicar, sino que comienza. Existen muchísimas maneras de expandir tu marca que no necesariamente son con contenido escrito. Estos son algunos ejemplos:

- Haz un video de Youtube sobre uno de tus capítulos y deja un link para tu libro en la descripción. El grueso del ingreso de Youtube no viene de las vistas, viene de ponerte a ti y a tu marca frente a una audiencia enorme para que tu libro pueda volverse conocido por personas que no sean lectoras de tu blog o clientes en Amazon. Encima de estas ventas, puedes monetizar las vistas que recibas en Youtube cuando llegues a 1,000 suscriptores y tener otra fuente de ingresos. Uno de los beneficios de empezar tu canal de Youtube es que no necesitas una gran inversión para iniciar. Es gratis registrarse y puedes usar la cámara de tu teléfono para filmar. Sin embargo, puede que necesites invertir en un software para editar tus videos o invertir tiempo para aprender como usarlo. Otros costos comunes son el tripod y las luces. Si quieres seguirme en Youtube, mi canal es Isabella G y tengo una foto de mi sonriendo.

- Otra forma de monetizar tu contenido y conocimiento es empezando un podcast en el que hables de los temas de tu libro. Puedes usar cada capítulo o tema como un episodio para tu podcast. Esto te pone enfrente de una audiencia que está interesada en el tema. Si se vuelve un tema popular incluso puedes ganar más dinero con tu libro al hacer un audio libro e incluirlo en audible. Un audiolibro está en el mismo formato que los podcasts, por lo que puede que la audiencia tenga una resistencia menor a comprarlo que para comprar un libro que tengan que leer.
- Crea un curso enseñando las ideas que compartes en tu libro. Tener un curso es una forma de generar ingreso pasivo mientras que ayudas a personas a aprender una habilidad valiosa. Sin embargo, esto requiere una gran inversión de de tiempo al principio para

armarlo así como también tiempo y dinero para venderlo de forma consistente y hacerlo una fuente de ingresos continua.
- Crea gráficos para publicar en Instagram y deja un link a tu libro/blog en tu perfil. Esto va a llegar a personas interesadas en el tema de tu libro si sabes utilizar los tags de manera correcta. Recuerda agregar valor a las personas que miran tus publicaciones para incrementar el porcentaje de conversiones.

LEGAL

Por supuesto que una gran parte de publicar libros como negocio es el lado legal. No quieres ser responsable de los resultados que obtenga tu audiencia, en especial si terminan perdiendo dinero. Lo mejor que puedes hacer es protegerte a ti mismo de cualquier demanda al contratar a un abogado para crear una limitación de responsabilidad o aviso legal para tu libro. Por lo general las posibilidades de ser demandado son bastante bajas pero lo mejor es estar protegido desde el principio.

También es importante invertir en registrar los derechos de autor ya que vas a querer proteger tu contenido de las personas que quieran reclamarlo como propio. Las leyes de derechos de autor varian dependiendo del país e incluso ciudad en la que te encuentras. Sin embargo, existen guías generales de como están estructuradas estas leyes en la mayoría de países. Principios tales como la protección del autor y del cliente están presentes en la mayoría.

Recuerda no tomar contenido de otros autores ya que podrías estar violando los derechos de autor o asegúrate de citar correctamente si fuera necesario incluir ese contenido.

ANTES DE PUBLICAR

Antes de publicar tu libro existen ciertos pasos que deberías tomar para asegurarte de que todo esté en orden.

Edita
Revisa tu libro y empieza a editar esas partes que no hagan sentido o que puedan ser expresadas de forma diferente para que los lectores las entiendan mejor.

Revisa
No es algo fuera de lo común el tener errores de gramática o de ortografía, en especial si acabas de escribir un libro completo en un mes. Vuelve a leer todo el libro para revisarlo y pídele el favor a alguien para que te de su opinión o te diga si se te fue algún error. También puedes contratar an editor para que te ayude con la revisión, solo asegúrate de que esta persona tenga buenas reseñas. De igual manera, cuando publiques el libro en Amazon, el software va a hacerte saber si tienes errores ortográficos en la versión de Kindle. Haz todo lo posible por evitar publicar un libro

que contenga errores que pudieron haber sido evitados.

Compártelo con un amigo

Normalmente las opiniones de nuestros amigos son extremadamente valiosas y aparte ellos pueden encontrar errores que nosotros no notamos. Comparte tu libro con un amigo y espera unos días para que te diga su opinión. No esperes demasiado, si este amigo no lee el libro en las siguiente semana, lo más probable es que no lo vaya a leer. Explica de forma clara que te gustaría recibir retroalimentación lo más pronto posible, en cuanto ellos tengan tiempo, pero no te enojes si se tardan más ya que te están haciendo un favor.

Portada

Manda a diseñar una portada o diseña una tu mismo que se mire profesional. Si no estas completamente confiado de un diseñador en particular o lo que te gustaría poner en tu portada, puedes mandar a pedir unas cuantas de diferentes diseñadores para asegurarte de recibir exactamente lo que quieres. Ponle mucha atención al título y subtítulo y asegúrate de que sea legible y que la portada llame la atención. Recuerda que la portada es el primer contacto con el cliente y tanto como puede ser un éxito, puede ser un fracaso que se traduzca en ventas bajas. Si quieres hacer tu carátula tu mismo puedes hacerla con fotos de **unsplash.com** que puedes descargar y usar gratuitamente. La foto que usé para la portada de este libro es por **Alif Caesar Rizqi Pratama** en **Unsplash**.

Descripción

Si vas a publicar en Amazon o en cualquier otro lugar que te da un espacio para escribir una descripción para tu libro, haz todo lo posible por escribir una que vaya a vender. En este momento ya captaste la atención de tu cliente por medio de tu portada, la descripción debería de ser ese pequeño empujoncito que lo lleve a comprar tu libro.

"Keywords" o palabras de búsqueda

Las "Keywords" son esas palabras que las personas escriben en la barra de búsqueda para encontrar tu libro. Estos términos de búsqueda que pueden parecer insignificantes son extremadamente importantes por que para que cualquier persona pueda encontrar tu libro, necesita tener los keywords adecuados. Por ejemplo, si tu libro es sobre tortugas marinas, no vas a escribir "león" como uno de los keywords. Lo mejor sería agregar términos como "tortuga", "vida marina", "animales marinos", etc, ya tienes la idea. Puedes hacer los términos más eficientes al usar la barra de búsqueda de Amazon y buscar las palabras que quieres usar para ver que sugerencias de búsqueda te aparecen. Estas sugerencias aparecen en función de que tanto las busca la gente.

Cambio de Formato

Cambiar el formato de tu libro de Word (o Pages) a Mobi o cualquier otro de los formatos aceptados por Amazon es relativamente rápido si sabes como hacerlo. Si no, puedes ver tutoriales en Youtube ya que hay bastantes y te pueden explicar 10 veces mejor de lo que yo podría a través de un libro. Básicamente lo único que vas a necesitar es Word y conocimiento básico de como usarlo, todo lo demás lo puedes aprender de un tutorial. Personalmente prefiero contratar a una persona que cambie el formato de mis libros por mi ya que es relativamente barato y se toma unas horas. Normalmente te cobran $5 por un libro de 100 páginas siempre y cuando no tengas demasiadas ilustraciones. Si te interesa contratar a alguien para que te ayude con el formato, te sugiero que busques uno en **Fiverr** ya que ofrecen servicios variados y útiles.

Esto es básicamente todo lo que necesitas chequear antes de publicar. Si tienes una fecha apartada para publicar tu libro, te sugiero que tomes en consideración que todo este proceso de edición, revisión, diseño y cambio de formato puede tomar alrededor de una semana.

PUBLICAR UN LIBRO NO ES DIFÍCIL

Publicar es el paso más fácil de todo el proceso. Es gratis, toma aproximadamente una hora crear tu cuenta y la parte más difícil es escoger la categoría en la que figura tu libro por la cantidad de opciones que hay. Siempre y cuando publiques tu libro en Amazon KDP, por supuesto, razón por la cual sugiero que empieces con esta plataforma.

En lo personal, si no hubiera sido por Amazon KDP, no creo que hubiera sido posible publicar mis libros tan fácil y rápido como lo hice. La mayoría de editoriales en mi país hacen que los autores contraten a ciertos editores (que cobran más de $1,000 por libro) y luego rechazan 9 de cada 10 libros que los autores quieren publicar. Publicar en KDP es gratis, lo que significa que elimina el riesgo económico para ti y para la editorial ya que ambas partes necesitan hacer una inversión de tiempo y dinero que no siempre se recupera.

Dentro de Amazon KDP solo tienes que tomar unos pasos para estar listo para publicar. El primero es registrarte con tu correo y una contraseña, luego tendrás que llenar un formulario de impuestos y elegir un medio de pago. Una vez hayas llenado el formulario, puedes empezar a publicar. Vamos a ver el proceso por el que necesitas pasar y la información que necesitas llenar al publicar a continuación.

Lo primero que necesitas hacer es ir a Amazon KDP, esto es tan fácil como buscar Amazon KDP en Google o ir a su sitio web: **kdp.amazon.com** . Aquí puedes entrar a tu cuenta o crear una nueva, llenar o cambiar tu información y todo lo demás.

Ahora viene la parte interesante. Vas a ir a **Biblioteca > Crear un Nuevo Título > + eBook Kindle**. Esto te debería de llevar a una página que dice **Detalles del eBook Kindle**. A continuación vas a ver lo siguiente:

Idioma
Escoge el idioma de tu libro. Lo más probable es que esté en Inglés o en Español.

Título del Libro

Esta parte es importante, el título de tu libro debería llamar la atención y darle al lector una idea de que esperar al momento que lea tu libro. Por supuesto que no puedes tener un título demasiado largo ya que no va a entrar en tu portada. Pero, ¿qué haces cuando no puedes darle toda la información que quieres al lector usando solo el título? Usas el subtítulo para dar detalles adicionales. Un ejemplo podría ser: Título: Recetas para Madres Solteras. Subtítulo: Recetas fáciles, rápidas y saludables para mamás que valoran el tiempo con su familia. Lo que se logra con esto es hacer que el título sea más atractivo pero que el libro aparezca cuando las mamás busquen recetarios con platillos fáciles, rápidos y saludables.

Serie

¿Estás pensando en escribir una serie de libros? Entonces sería ideal tener el nombre de la serie y una idea del lugar que este libro va a ocupar en ella. ¿Es este el primer libro o el último? ¿Puede el lector leer únicamente este libro o necesita comprar la serie entera?

Número de Edición

Si este es tu primer libro, puedes dejar este espacio en blanco.

Autor

¡Este es tu momento! Escribe tu nombre o seudónimo aquí para que tus lectores puedan buscar tu contenido por tu nombre. Esto también te va a servir más adelante ya que puedes crear una página que incluya tu perfil como autor junto con las obras que has publicado.

Colaboradores

¿Escribiste este libro con la ayuda de alguien más como un amigo o compañero de trabajo? Si es así, sería una gran idea incluir su nombre aquí. De lo contrario puedes dejar este espacio en blanco. Si contrataste a alguien para que escribiera tu libro y esa persona cedió sus derechos de autor, déjalo en blanco.

Descripción

No es que quiera asustarte pero este es uno de los pasos más importantes al momento de publicar. Necesitas tener una buena descripción.

Piénsalo de esta forma, las personas van a ver tu portada, leer el título y pensar "¡Esto es exactamente lo que necesito!" para luego hacer click en el libro.

Si la descripción los deja algo así como "pues si, el libro está bien…supongo" eso los va a desalentar. La descripción debería de *gritar* "este es el mejor libro que vas a leer en tu vida y esta es la razón por la cual tienes que comprarlo."

Derechos de Publicación

Básicamente esta sección te está preguntando si escribiste este libro o si le diste copy-paste a todo el contenido de una página de internet. Selecciona "Tengo los derechos de autor y los derechos de publicación necesarios." si escribiste este libro o contrataste a alguien para que lo escribiera por ti y luego compraste los derechos de autor de esa persona. Me gustaría usar esta oportunidad para recalcar la importancia de no copiar el material de alguien más ya que te podrían denunciar por robarles su propiedad intelectual. Esta es la razón por la cual simplemente no podemos copiar un libro que encontramos en internet y publicarlo bajo nuestro propio nombre. Gracias a esto, tú también estarás protegido si alguien trata de robar el contenido que publicaste en tu libro y trata de publicarlo como propio.

Palabras Clave

Otro factor súper importante que debes tomar en consideración son las palabras clave. Estas palabras van a ser esenciales para que el lector encuentre tu libro. Las palabras clave son esas palabras o combinaciones de palabras que pones en el buscador para encontrar lo que quieres leer o comprar. Volviendo al ejemplo del libro de cocina, si vas a publicar un libro de cocina para madres solteras, podrías usar palabras claves como "libro de cocina", "cocinar para niños", "recetas fáciles y saludables", etc. Amazon te deja agregar hasta 7 palabras/frases claves, te sugiero que uses las 7.

Categorías

Las categorías también van a ayudar a tu lector a encontrar tu libro, si tu libro es de ficción, no lo pongas bajo la categoría de romance. Te sugiero que te tomes tu tiempo para leer todas las posibles categorías en las que podría entrar tu libro y luego escojas las dos que creas que tienen más posibilidades de llegar a tu audiencia.

Rangos de Edad y Nivel Educativo
Esta parte es más importante si lo que escribes es un libro para niños o para adultos. Si escribes un libro para niños que cursen Kinder, lo mejor es poner el rango de edad para niños alrededor de esa edad. Si tu libro contiene contenido para adultos, lo mejor es poner un rango de edad de 18 para arriba.

Opciones de Publicación - Preventa
Te sugeriría que no usaras la opción de preventa todavía ya que no sabes si vas a terminar tu libro antes de la fecha tentativa. Si no publicas el libro en la fecha que escoges para esta opción, vas a perder tus privilegios de poner futuros libros en preventa. Al final, no es que dude de tus habilidades, pero al momento de publicar siempre ocurren imprevistos y lo mejor es asegurarte de que vas a poder cumplir tu promesa.

¡Acabamos de terminar con la sección de Detalles del eBook Kindle! ¿Cómo te sientes hasta ahora?

¿Todo bien? Perfecto, ahora vamos a seleccionar Guardar y Continuar y vamos a seguir con la parte de **Contenido del eBook Kindle**.

Manuscrito

Aquí puedes elegir si habilitas la Gestión de Derechos Digitales o no. En lo personal, no lo tengo activado pero es para proteger a tu libro de distribución no autorizada.

Ahora ha llegado el momento de subir el manuscrito de tu libro. Esto lo puedes hacer en uno de los muchos formatos aceptados incluyendo .doc, .docx, HTML, MOBI, ePub, RTF, texto plano, y KPF. Personalmente yo subo todos mis manuscritos en formato MOBI ya que lo considero un formato amigable y fácil de subir. No te podría dar más información sobre los demás tipos de formatos ya que este es el único con el que tengo experiencia y es el que he usado desde que empecé a publicar. Este paso puede tomarse un rato, así que no te preocupes si se toma 7 minutos o más ya que puede que el archivo sea muy pesado o que la velocidad de tu internet no sea óptima. Si este paso está tomando demasiado tiempo, puedes refrescar la página y probar de nuevo. Una vez esté subido correctamente, vas a ver un mensaje en pantalla que dice "Manuscrito "TITLEOFTHEBOOK.format" cargado correctamente" dentro de un cuadro verde. En este paso también te hará saber si tienes un error ortográfico en el manuscrito.

Portada del eBook Kindle
El siguiente paso es la portada. Las portadas son importantes. No trates de ahorrarte unos cuantos dólares para luego terminar con una portada barata y horrible. Si no sabes diseñar portadas, lo mejor es dejárselo a los diseñadores de Fiverr (esta es la plataforma que yo uso normalmente) que tengan las mejores reseñas. Cuando tengas tu portada puedes subirla en este paso del proceso. Esta imagen deberá estar en formato JPG o TIFF, de lo contrario no te dejará subirla. Cuando se haya subido con éxito, te saldrá un cuadro verde con el mensaje "La portada se ha subido correctamente.".

Vista Previa del eBook Kindle
Te sugeriría abrir la vista previa solo para asegurarte de que todo se mire bien. Si el texto o la portada no están centrados o no se ven bien,

asegúrate de editarlo y arreglarlo antes de publicar.

ISBN del eBook Kindle
Este es un número que es asignado a tu libro cuando lo publicas. Puedes dejar este espacio en blanco a menos que ya tengas un ISBN.

¿Qué te ha parecido el proceso de publicación hasta ahora? No es nada difícil, ¿verdad? Ahora vamos a pasar al último paso antes de publicar. Haz click en Guardar y Continuar y vamos a ver a página de **Precio del eBook Kindle**.

Inscripción en KDP Select
Inscribirte aquí es como entrar a una relación "exclusiva" con Amazon. Por lo tanto vas a tener tu libro únicamente en Amazon KDP por 3 meses. Por lo regular selecciono esta opción ya que no publico mis libros en ningún otro lado. Sin embargo, si quieres vender tus libros en alguna tienda o por medio de otras editoriales no deberías seleccionar esta opción. Estar inscrito es útil ya que te deja hacer promociones cada 3 meses para atraer más público e incrementar las ventas.

Territorios

¿Quieres que tu libro esté disponible a nivel mundial o preferirías que solo estuviera disponible en algunos territorios seleccionados? Personalmente yo escojo la opción de Todos los Territorios pero tu puedes escoger cualquiera, en especial si solo tienes los derechos del libro para un territorio en particular o si no quieres que tu libro esté disponible para personas afuera de Estados Unidos, por ejemplo.

Regalías y Precios

Aquí puedes seleccionar que porcentaje de regalías quieres recibir por cada copia vendida. Puedes escoger entre 35% o 70% y depende del precio de tu libro. Si el precio está entre $2.99 y $9.99 puedes escoger la opción de 70%. Una vez hayas escogido el precio de tu libro, automáticamente puedes basar los precios de otros mercados en este (€2.99) o escoger un precio diferente (€2.50).

MatchBook

Si tienes la versión física del libro, las personas que lo compraron pueden tener acceso a la versión digital por un menor precio o incluso de gratis. Yo tengo esta opción habilitada ya que el lector ya pago por el libro así que tiene sentido darle el eBook también para que puedan leerlo en cualquier lugar sin necesidad de llevar la copia física.

Préstamos del Libro
Puedes escoger darle a tus lectores la opción de prestarle el libro a otras personas (si ya lo compraron) por un periodo de 14 días.

Términos y Condiciones
Los términos y condiciones que aceptas al publicar tu libro. Puedes leer más sobre ellos al acceder al enlace que tienen en esa parte.

Cuando hayas terminado todos los pasos, tu libro finalmente estará listo para ser publicado, así que simplemente selecciona "Publicar" y tu libro debería de aparecer en 72 horas o menos.

Súper sencillo, ¿no te parece? No te preocupes si todavía no entiendes lo que significan algunas categorías. Toma tiempo acostumbrarte a cada una de ellas pero entre más libros publiques, más fácil se volverá.

Ahora que ya sabes como publicar un eBook podemos revisar el proceso de como publicar un libro físico o de tapa blanda. Es prácticamente el mismo proceso, por lo tanto solo voy a agregar las partes que son diferentes. La primera página (**Detalles del libro de tapa blanda**) va a ser casi igual a la del eBook, por lo que considero deberíamos de pasar a ver las diferencias que encontramos en la sección del medio, "**Contenido del libro de tapa blanda**".

ISBN Físico
El primer paso para publicar un libro de tapa blanca es el tener un ISBN asignado ya que todos los libros impresos deben tener uno. Puedes seleccionar la opción de "Utilizar un ISBN gratuito de KDP" y te darán uno inmediatamente para poder continuar con el proceso de publicación.

Fecha de Publicación
Aquí puedes escoger la fecha en la que publicaste tu libro por primera vez o puedes

dejarlo en blanco y se llenará automáticamente cuando sea publicado.

Opciones de Impresión

Esta es una de las partes diferentes cuando se publica un libro físico. Te van a dar la opción de elegir el interior y el tipo de papel, tamaño de impresión, ajustes de sangría y el acabado de la cubierta de tapa blanda. Veamos cada una de estas opciones.

Interior y Tipo de papel: Esta opción te deja elegir si quieres publicar tu libro en blanco y negro o a color con el tipo de papel blanco o crema. Personalmente siempre elijo publicar en blanco y negro con papel blanco ya que usualmente publico libros de no ficción. Si vas a publicar libros de ficción, el papel crema es la mejor opción ya que es más suave en los ojos y lo más probable es que los lectores pasen leyendo el libro por varias horas y esto hace que la experiencia sea más grata.

Tamaño de Impresión: Este es el tamaño de tu libro. Existen varias opciones como 5"x8", 6"x9", etc. Escoge el tamaño que creas que va mejor con tu libro. Tu libro va a necesitar estar en este tamaño pero puedes descargar el formato para el libro directamente a través de Amazon.

Ajustes de Sangría: La "sangría" se usa para imprimir a la orilla o al borde de la página y usualmente se usa para libros que tienen ilustraciones. Yo siempre publico sin sangría pero si vas a publicar un libro con páginas llenas de ilustraciones lo recomendable es que entiendas como funciona esta opción.

Acabado de la Cubierta de Tapa Blanda: Puedes elegir si la portada es mate o con brillo.

Manuscrito

Ha llegado el momento de subir tu archivo con el manuscrito en formato PDF. Recuerda que este PDF tiene que estar en el tamaño de formato que escojas para que concuerde con el tamaño de impresión. Si no sabes como cambiar tu documento a un formato de 5"x8", puedes descargar una de las plantillas de Amazon. Usualmente yo uso dos tamaños, el de 5x8 y el de 6x9 por lo que descargue esas dos plantillas y las guardé listas para usar en el momento en el que quiera adaptar uno de mis libros. Luego, solo reviso que el texto quede bien en las páginas y lo exporto a PDF.

Portada del Libro

Bueno, esta parte es un poco difícil si estas diseñando tu portada o si vas a usar la que usaste para la versión de eBook ya que esta portada incluye la parte de atrás y el lomo del libro. Si solo tienes la portada del eBook puedes abrir el Creador de Portadas y terminar de hacer el lomo y la parte trasera tu mismo. Este proceso no es para nada complicado pero si no te sientes cómodo haciéndolo puedes contratar a un diseñador para que te ayude o pedirle al diseñador que incluya esta portada completa desde el principio para que lo puedas subir directamente. Los diseñadores experimentados saben como hacer este tipo de portadas y normalmente te van a preguntar el tamaño de impresión y el número de páginas de tu libro.

Vista Previa del Libro

Aquí puedes asegurarte de que el formato y la portada se vean bien. Te recomiendo que uses el previewer y que te tomes el tiempo de ver el libro y asegurarte de que todo esté donde debe estar.

Ahora nos vamos a mover a los **Derechos y Precios del libro de tapa blanda**. Esto es bastante similar al que vimos con los eBooks pero con una excepción. Aquí te van a dar un precio mínimo para tu libro. Probablemente te preguntarás el motivo de esto y es que a Amazon le cuesta dinero imprimir cada libro, por lo que calcula un precio mínimo que funcione para ambas partes. En este caso puedes ganar 60% de las regalías que generen tus libros o si escoges tener distribución ampliada puedes ganar el 40%.

Eso es prácticamente todo lo que necesitas para publicar un libro y si terminas todos los pasos, tu libro debería de ser publicado aproximadamente en 24 horas, dependiendo del momento en el que hayas hecho click en Publicar.

RECURSOS

Trabajadores Independientes

Para contratar trabajadores independientes usualmente uso **Fiverr**. Siempre que necesito una portada, revisión o cambio de formato simplemente voy a su sitio web y busco a alguien que ofrezca los servicios que estoy buscando.

Amazon KDP

Publica tus propios libros de forma gratuita en Amazon **Kindle Direct Publishing**. Si necesitas ayuda para abrir tu cuenta de Amazon KDP, puedes buscar un tutorial en Youtube. Existen guías incluso para la parte en la que tienes que agregar tu información para los impuestos.

Recibir Pagos

Si vives en los Estados Unidos lo más probable es que recibas un cheque de Amazon o un depósito a tu cuenta bancaria. Sin embargo, si vives fuera de los Estados Unidos y quieres un método para recibir tus pagos puedes usar **Payoneer**. Asegúrate de que **Payoneer** opere en tu país y que sea posible para ti crear tu propia cuenta con ellos. Si usas mi enlace, ambos recibiremos $25* cuando abras tu cuenta.

Youtube
Aquí puedes encontrar tutoriales de como hacer cualquier cosa. Si no entiendes un paso o te gustaría ver como se ve la plataforma puedes buscar un tutorial sobre el tema.

Crea tu Propia Página Web
Si quieres publicar libros como negocio, lo mejor que puedes hacer es empezar a formar una base de clientes y guardar sus correos. Puedes hacer esto por medio de tu página Web para hacerlo más profesional. Si quieres crear tu propia página Web, puedes usar mi enlace al entrar a **www.entrepreneurban.com/wp** para crear tu página por solo $3.95 al mes con un dominio gratis incluido por el primer año.

RESUMEN

Yo soy una de esas personas que valora su tiempo prácticamente sobre cualquier otra cosa. Estoy segura de que tu también eres una persona bastante ocupada, por lo que he condensado todas las lecciones de este libro en dos páginas para que puedas leer el libro y luego el resumen para obtener la información que necesitas.

Cuando escribes un libro, es importante encontrar el segmento de mercado al que vas dirigido para que puedas ajustar el contenido para incrementar las ventas. Al momento de estar escribiendo el libro existen muchas técnicas que puedes seguir pero la parte más importante es que aprendas la que funciona mejor para ti para que puedas escribir el libro de forma eficiente. Si trabajas mejor a las 10 pm, luego de regresar del trabajo, entonces usa ese tiempo para escribir. Si crees que escribes mejor justo después de levantarte entonces ese es el tiempo que deberías usar para escribir.

Recuerda escribir de forma constante, todos los días, si quieres mejores resultados ya que si te saltas un día de escritura, lo más probable es que se vuelvan dos y luego tres y de allí se vuelve un proyecto sin terminar enterrado en uno de los folders de tu computadora que nunca visitas. Si quieres que tu libro tenga 20,000 palabras, divide este número dentro de 20 y usa el resultado, 1,000 en este caso, como tu meta diaria de escritura. Si no te gusta escribir, puedes usar una de las herramientas de dictado o contratar a un trabajador independiente para transcribir tus notas de voz.

Para escribir tu libro puedes usar distintas plataformas como Pages, Word o incluso Google Docs. Sin importar la que decidas usar, te sugiero tener una copia del archivo original en un USB o en línea por si accidentalmente eliminas el archivo o pierdes tu computadora.

Cuando tengas tu libro listo, te recomiendo que lo edites, revises y mandes a cambiar el formato. Mientras que está siendo editado puedes diseñar la portada tu mismo o contratar a un diseñador para que lo haga por ti. Recuerda que la portada es lo que va a llamar la atención del cliente por lo que debería de ser lo más perfecta posible. Cuando ya tengas el contenido del libro revisado y la portada lista le puedes cambiar el formato tu mismo o contratar a alguien para que lo haga por ti. Esto cuesta aproximadamente $5 por 100 páginas pero depende de la persona a la que estés contratando. Convierte tu archivo a formato MOBI o cualquier otro que sea aceptado por Amazon KDP.

Cuando tu libro esté listo puedes ir a Amazon KDP para registrarte y empezar a publicar tus libros. Este proceso es relativamente fácil pero vas a necesitar llenar tu información personal por motivos de impuestos. Recuerda que los impuestos no son algo con lo que se juega, tómate tu tiempo para asegurarte de que toda la información es correcta. Ahora que tu cuenta ha sido creada puedes publicar libros al ir a Biblioteca > Crear un nuevo título > eBook Kindle/Libro de tapa blanda. Luego de llenar todo lo que te piden en las siguientes 3 páginas puedes publicar tu libro y debería de estar disponible para el público en unos días.

SOBRE LA AUTORA

¡Hola! Mi nombre es Isabella para todos aquellos que no me conocen. En el 2017 empecé mi propio negocio de publicación de libros y ha estado creciendo consistentemente desde entonces. Conforme fui ganando más confianza en mi misma empecé a contarte a las personas que preguntaban que era una escritora y noté que la respuesta más común era que ellos nunca podrían escribir un libro por alguna razón. Personalmente creo que escribir un libro o tener un blog es una gran manera de compartir tu conocimiento con el mundo y si tienes algo que valga la pena compartir entonces es tu deber compartirlo con todos aquellos que quieran escucharte.

El primer libro que escribí tenía 10,000 palabras y me tomó unos cuantos meses terminarlo. No importaba lo que hiciera o lo que cambiara, este libro siempre se sentía incompleto. Aprender a aceptar que no todo tiene que ser perfecto es extremadamente difícil pero necesario si quieres ser exitosa ya que el éxito se encuentra justo afuera de tu zona de confort. La buena noticia es que entre más salgas, más se va a expandir. Esto hace que poco a poco tu confianza en ti mismo vaya creciendo.

Otro emocionante efecto de publicar libros es que puedes ganar dinero haciendo lo que te gusta. Esto significa que las editoriales ya no tienen el poder sobre ti, sino que puedes empezar a ganar dinero y mantenerte haciendo algo que te encanta. Si todos tuviéramos que pasar por editoriales para que aprobaran nuestros libros, estoy segura que la mitad de los libros disponibles en Amazon no estarían allí. Si escribir es lo que amas, te invito a que empieces a trabajar en tu primer libro y que no pares hasta que esté terminado y lo publiques, por más que te de un poco de pena. Te prometo que publicar un proyecto en el que trabajaste tan duro y por tanto tiempo es uno de los mejores sentimientos del mundo.

Si te puedo pedir un favor, me gustaría que me cuentes que opinaste del libro dejando una reseña en Amazon. El proceso de escribir libros es bastante extenso por lo que planeo subir una versión actualizada el próximo año que incluya todo lo que he aprendido hasta ese momento.

Si te gustaría preguntarme cualquier cosa, decirme lo que opinaste del libro o mandar críticas constructivas de lo que podría mejorar en la próxima edición, por favor mándame un mensaje a **isabella_gordillo_@hotmail.com**

¡Muchísimas gracias por leer este libro! Te deseo muchos éxitos y una vida feliz.

www.ingramcontent.com/pod-product-compliance
Lightning Source LLC
Chambersburg PA
CBHW072202170526
45158CB00004BB/1735